VOLUME 27

A ENERGIA DO ESPÍRITO

PRIMEIRA EDIÇÃO

Carlos L. Partidas

Copyright © 2012 Carlos Partidas
Legal Deposit: MI2020000106
ISBN: 979 8642 2623 20

SAPI REGISTRO DE PROPRIEDADE INTELECTUAL: N° 8074
DO COMPÊNDIO A QUÍMICA DAS DOENÇAS
REPÚBLICA BOLIVARIANA DA VENEZUELA, 07/05/2010
Todos os direitos reservados/
All rights reserved

DEDICATÓRIO

À energia magnética que formou todos os seres espirituais que existem e são conscientes de sua existência neste imenso Universo.

ÍNDICE

Capítulo		Página
1	A ENERGIA MAGNÉTICA DO ESPÍRITO	1
2	O AUMENTO DA MASSA ELETRÔNICA	21
3	DESENVOLVIMENTO DA PERSONALIDADE	39

AGRADECIMENTOS

À energia eletrônica mutável que emanava do Universo; e formava a matéria de todos os corpos visíveis neste, o Grande Universo Criador de tudo o que existe.

1
A ENERGIA MAGNÉTICA DO ESPÍRITO

"A Energia do Espírito", na verdade deveria ser uma edição de "A Química do Espírito", mas uma vez que sabemos como foi criada a energia que colocou o Universo em movimento, desde o momento menos infinito com o monopolo magnético de Paul Dirac, tivemos que rever o conteúdo de cada livro, para poder adaptá-lo a esta nova realidade interpretativa, ou para que a explicação faça mais sentido do ponto de vista energético. Mas na verdade, em "A Química do Espírito" esclarecemos que faz mais sentido falar sobre a energia do espírito, pois a palavra "química" se refere às mudanças físicas que ocorrem na matéria eletrônica.

Assim, através da química só podemos estudar a forma, ou como a matéria eletrônica é transformada em outros tipos de matéria eletrônica. Já a física relaciona a forma como a energia pode ser transformada em outros tipos de energias. Entretanto, essa matéria é a energia eletrônica que se transformou em massa eletrônica, porque a única coisa que é gerada pela ação do Universo é a energia magnética, que é inerte, e a energia eletrônica, que é a que pode mudar e se transformar nas diferentes e infinitas formas e classes de matéria eletrônica.

Mas digamos, definitivamente, que a energia que constitui a vida, é composta de uma dualidade energética: isto é, pela energia magnética do espírito, e pela matéria eletrônica que forma o corpo. E a energia magnética do espírito, é formada por uma classe de partículas que tivemos de chamar de almatrinos. Enquanto a energia que integra os almatrinos para que os espíritos sejam formados, nós a chamamos de urdires. E, entre ambas as forças energéticas, forma-se uma classe de energia inteligente que chamaremos de consciência, para diferenciá-las ou marcar uma distinção, porque talvez a integração dos almatrinos com os urdires forme os espíritos, enquanto os seres morfológicos mais simples, ou talvez como um inseto, um réptil, um peixe ou uma ave, são animados pela mesma classe de energia magnética, mas talvez não estejam conscientes de sua existência. No entanto, que estamos conscientes, que os animais que podemos chamar de superiores, também têm sentimentos. Portanto, eles sofrem igualmente, ou são afetados emocionalmente pela crueldade irracional de alguns seres humanos, e talvez sejamos capazes de incluí-los na categoria de seres inferiores, pelo menos do ponto de vista de seu estado de consciência.

Mas dizemos conscientia, para generalizar, ou tomando esta definição da linguagem latina, para referir-se a todos os tipos de energia, que anima todos os seres vivos. Já a consciência, seria a energia que tem consciência de sua existência. E para se ter uma idéia do que são urdires, digamos, por exemplo, que um fóton é a força bosônica que se integra com um neutrino para formar um elétron, e da mesma forma, um almatrino através da energia integradora de urdires, forma a energia que chamamos de consciência, ou seja, todo o tipo de energia que anima qualquer ser vivo. Embora a consciência seja a mesma energia que chamamos espírito ou alma, quando nos referimos a um ser humano.

E essa matéria eletrônica integradora das almatrinos com a força coesiva das urdires, constitui uma unidade de energia funcional; mas que, além disso, esse tipo de energia magnética do espírito, é independente da matéria eletrônica que forma o corpo. E a força energética integradora da urdidura é a força coesiva, ou seja, é a energia que não permite que os espíritos se desintegram novamente. De tal maneira que as almatrinos formaram a energia magnética, e assim permaneceram unidas para sempre; porque não há mais uma força maior no Universo que possa romper essa união integradora. Isto é, que os Espíritos são uma espécie de energia magnética, que é independente de outros tipos de energia; portanto, essa energia não se funde com a matéria eletrônica que foi formada a partir da energia eletrônica.

Por exemplo, quando os elétrons adquirem massa, eles podem colidir e ricochetear na superfície rugosa de qualquer objeto físico. Então estes raios são difratados, ou espalhados por toda parte. Enquanto que se as superfícies são polidas, os raios são refletidos, ou seja, são projetados em apenas uma direção. E é graças a essa dispersão dos fótons, que podemos ver as formas; as dimensões e as cores dos objetos. Ou seja, que os fótons vão deixar um traço no ressalto, ou quando colidem com corpos físicos, e é por isso que podemos vê-los, no momento em que essas rajadas de luz são projetadas em direção à nossa retina. Enquanto que a energia magnética não se dispersa, porque não pode atingir objetos. Ou seja, a energia magnética será capaz de passar por qualquer objeto feito de matéria eletrônica; e nenhum objeto físico será capaz de deter a energia magnética, porque a energia magnética é um tipo de energia que não tem massa. A energia da luz dos fótons, por sua vez, vem dos elétrons, que são uma energia eletrônica que adquiriu massa. Portanto, que a energia magnética dos espíritos, eles não podem nos deixar nenhum rastro, como para poder detectar sua existência na forma física. Por exemplo, um espírito não poderá ver sua imagem especular, ou quando se coloca diante de um espelho, porque sua energia magnética não vai saltar, mas sim passar pela superfície física do espelho.

Ou podemos dizer, que a energia magnética que forma a unidade dos Espíritos, é outra forma de luz, mas que é muito bem integrada, conformada e definida. E é uma espécie de luz que não pode saltar de nenhuma superfície física, mas que passará por ela, como se uma peneira estivesse imersa em água. Ou melhor, que a energia dos espíritos pode servir de superfície, sobre a qual os raios de luz que adquiriram massa podem ricochetear. E esta é a razão pela qual, alguns de nós podemos ver a figura dos Espíritos, quando os fótons de luz colidem com a superfície refletiva de um Espírito. Mas esta é uma qualidade visual, o que é mais fácil para as crianças.

Em outras palavras, a energia dos espíritos é uma forma de energia sutil e brilhante que passará livremente por qualquer corpo físico, como se para eles o objeto físico não existisse. Portanto, os espíritos não podem ser interceptados; por exemplo, por meio de uma câmera. E é por esta mesma razão, ou porque não possuem massa, que essa energia espiritual poderá mover-se, deslocar-se ou sobrevoar qualquer superfície sem apoio, com velocidade superior à da luz, ou seja, com velocidade superior à dos fótons. E os Espíritos, se quiserem se tornar visíveis, terão de diminuir sua enorme velocidade, cuja visibilidade e sons infrasônicos só podem ser captados pelos olhos e pelos ternos ouvidos das crianças.

E a qualidade do conhecimento de si mesmo, é o que determina a ação livre; a existência e a expressão particular desse todo energético, que cada espírito forma individualmente. Mas, para poder se expressar no mundo físico, os espíritos precisam de um corpo físico. E é esse mesmo conhecimento que determina sua ação, ou seja, para onde querem ir, seu desenvolvimento energético particular, ou o que cada um quer fazer como espírito: ou por estar em um corpo, ou na forma de energia livre. Mas sempre conscientes de si mesmos, assim como de sua forma e modo particular de expressão no mundo físico; e seu nome é qualia. Embora não seja fácil assumir novamente o processo de encarnação, porque o sofrimento leva ao medo, é preciso coragem para mergulhar novamente o processo de encarnação nele. Diz-se que há também um processo de transmigração, ou seja, de aproximação a um corpo já existente, mas na realidade nunca vi esses casos.

E essa energia consciente pode ser parte de qualquer corpo físico, como foi dito; seja um ser humano, uma ave, qualquer animal, um inseto ou uma planta. Ou podem decidir ficar livres, formando apenas espíritos, porque essa integração espírito-corpo, na realidade, é assim para todo ser vivo. De tal forma, que cada forma de pensamento, de forma individual, será o que determina o comportamento e o desenvolvimento de qualquer ser no Cosmos, através do que chamamos de aprendizado. Que nada mais é do que uma reserva de conhecimento na forma de experiências, mas que são próprias ou exclusivas de cada ser; e essas experiências serão acumuladas como um impulso para cada espírito, ou de acordo com as metas estabelecidas, desejos, emoções e propósitos. Em outras palavras, cada espírito individualmente será o único que poderá decidir e determinar as características e a forma de sua própria evolução.

E, como energia espiritual, a única maneira de manipularmos a energia que se transformou em matéria, é através de uma ancoragem da energia magnética na forma de espírito, com a matéria eletrônica que forma o corpo. Desta maneira, podemos manobrar, ou dirigir pelo pensamento, a massa que forma um corpo físico. Porque as ações para podermos caminhar e para onde queremos ir como corpos, vai depender apenas da energia dos nossos pensamentos, ou com o propósito de podermos aprender a captar e manipular, tudo aquilo que anda de formas e tendências, ou as inclinações para um determinado caráter, com as diferentes emoções que são próprias ou particulares de cada ser.

E essa partícula, que não é apenas a menor existente, mas também a mais antiga, é por isso que lhe demos o nome de almatrino. Cujo termo será o que nos permitirá procurar um sentido para diversos fenômenos transcendentais: como, por exemplo, a formação do Universo antes da formação do Universo, ou antes do tempo zero. Mas também, que com essa nova definição de partícula elementar, com o monopolo magnético de Paul Dirac e os números virtuais, é que podemos projetar para trás, no infinito negativo, para saber o que havia no espaço antes da formação do espaço. Mas é também o que nos permite esclarecer várias questões, as quais somos obrigados a dar uma explicação mais lógica ou fundamentada, mas nos colocando a partir de nossa própria perspectiva tridimensional.

E entre tantos mistérios, há, por exemplo: por que podemos nos projetar e prever eventos que ainda não aconteceram, ou como foram formados os espíritos, ou por que somos tão diferentes, mas, ao mesmo tempo, tão numerosos?

Porque imagine por um momento, o número de organismos que compõem a população marinha; um enorme enxame de organismos, abelhas, formigas, cupins, amêijoas, gorilas, etc., ou as combinações de yotta ou 1×10^{24} espermatozóides nos testículos de todos os machos, todos formados por almatrinos com a força integradora dos urdires! Ou os mais de sete bilhões de seres humanos igualmente diferentes; e cada um deles é uma entidade diferente; porque até mesmo os gêmeos são seres diferentes do ponto de vista energético. Ou aquelas entidades energéticas que fazem parte de todos os seres cósmicos que ainda não encarnaram, ou que não contemplaram em sua lista de ações, um plano para fazê-lo.

Mas vejamos apenas o que queremos explicar, quando dizemos que os espíritos não vão conseguir se desintegrar: por exemplo, os elétrons se desintegram à temperatura que é gerada no núcleo do Sol; e, a partir dessa desunião, é que as duas partículas que compõem um elétron surgem, ou seja, um fóton e um neutrino. E especificamente esse neutrino será um nêutron-eletron, pois ele surgiu de um elétron. Mas, quando viajam, esses fótons podem colidir com a superfície dos objetos, razão pela qual podemos ver o rastro que é traçado.

Mas os espíritos, por serem feitos por energia magnética, permanecerão como luz coesa, porque não há mais no Universo uma força energética maior que a do núcleo do Sol, ou capaz de desunir a energia que une um almatrino a uma urdir para separá-los. Ou seja, que basta libertar novamente o almatrino e as urdires. De tal maneira que os espíritos realmente emergiram da energia magnética; e que, além de inteligente e autoconsciente, é ao mesmo tempo uma espécie de energia estável, isto é, eterna. E os almatrinos podem atravessar livremente como energia magnética, sem qualquer dificuldade, através dos objetos mais densos ou mais sólidos.

Mas a outra questão, ou aquela a que conseguimos dar resposta com esse conceito dos Almatrinos, é que agora podemos saber que o Universo continuará a crescer indefinidamente. Além disso, no livro "A partícula que criou o Universo", demonstramos que aquelas unidades fundamentais de energia das quais o Universo se originou podem se mover a velocidades muito maiores do que a da luz. E que essa velocidade é expressa pela equação $U=m_0C^3/E$. Onde U é a velocidade dos almatrinos, cuja celeridade seria equivalente ao movimento do que é conhecido como taquião. m_0 é a massa, quando esta partícula está em repouso. Enquanto C, é uma constante equivalente à velocidade da luz, ou seja, a velocidade com que os fótons se movimentam.

Mas pode-se supor que no início não havia luz, então em algum momento, a energia magnética B, tinha que ser necessariamente igual à energia eletrônica E. Assim, podemos escrever isso no início quando não havia luz, $E=B$, ou que $U=m_0C^3/B$. Mas hoje, ou seja, quando a luz já existe, temos que escrever $E=CB$, ou $U=m_0C^2/B$, onde C é a velocidade máxima em que um espírito pode viajar; ou seja, 90.000.000.000 de quilômetros por segundo. Já a velocidade absoluta com que uma partícula elementar se move é de 27.000.000.000.000.000 de quilômetros por segundo.

Mas isso era algo que Albert Einstein não conseguia ver, pois Einstein só conseguia ver o movimento dos fótons quando a luz já existia. E só o que Einstein podia assumir era o movimento dos fótons que formam a luz de uma maneira relativa. Assim, talvez Einstein confundisse uma constante de proporcionalidade entre E e B (EαB), ou seja, a constante C, com a velocidade da luz.

E de fato, essa C, é na verdade o valor de uma constante. Mas o que não se sabe é se C representa corretamente a velocidade da luz. Embora C seja o único valor que está relativamente relacionado com a velocidade medida de um feixe de fótões. E isto é conseguido, pois justamente, que podemos interceptar estes feixes de bósons, ou seja, de fótons, que ao atingir objetos ásperos, podemos ver o brilho como uma luminosidade. Porque os elétrons se tornaram mais lentos quando adquiriram massa.

Então C, é realmente o valor de uma constante que equivale a 300 mil quilômetros por segundo. Porque as unidades km/seg são utilizadas apenas para tornar coerente o valor da massa; ou seja, $E/C^2=m$; ou o que é igual, essa energia é diretamente proporcional à massa, cuja constante de proporcionalidade é o quadrado da constante C. E esta é a razão pela qual no Universo apenas 4% da energia eletrônica pode ser condensada sob a forma de massa eletrônica. Em outras palavras, quando 12 unidades de massa-energia são produzidas, 8 unidades permanecerão livres como energia, e 4 unidades serão convertidas em massa. E dessas 8 unidades de E, 20% não vemos porque é a antimatéria; portanto, 76% é o que poderemos realmente detectar como energia eletrônica. Ou podemos dizer, que no Universo, realmente existe um equilíbrio térmico, onde T é o valor da constante; ou $T=E/m$ e $T=C^2$.

Mas não poderemos negar que existem outras partículas movimentando-se mais rápido que a luz, pois elas não adquiriram carga eletrônica ou massa, pois são formadas apenas por energia. Mas também, que elas podem se mover em altas velocidades porque são muito pequenas; ou que para elas não há obstáculos que se interponham no seu caminho. E, para capturá-los, ainda não foi desenvolvido um instrumento físico que possa fazer isso, nem poderá ser desenvolvido, a menos que possamos construir detectores feitos por antimatéria, como o proposto por Paul Dirac. E concluímos que tal instrumento será impossível de ser construído, pois a energia magnética pode passar por qualquer superfície que se interponha entre ele.

E e B, são os dois únicos tipos de energia que surgiram no início, ou seja, a força que incitou o movimento, que também poderia ser chamada de energia de repouso, ou energia de ponto zero, segundo a equação energética de Albert Einstein. E os dois tipos de energia viajam juntos sob a forma de ondas elétricas e ondas magnéticas. Entretanto, que os dois tipos de energia que viajam em forma de onda, não podem se fundir, porque as duas ondas se movem juntas, mas em dois planos perpendiculares, ou formando um ângulo de 90° entre elas, de modo que não têm interferência. E estas são as chamadas ondas eletromagnéticas. Mas igualmente, tivemos que definir a força que integra estas duas ondas, como "conectron". E quando estas ondas colidem com uma superfície, elas liberam as forças de ligação, ou seja, os conetrons, ou as forças integradoras das ondas eletromagnéticas sob a forma de calor. E esse calor liberado das ondas eletromagnéticas é o que forma as imensas chamas na coroa do Sol.

Mas com as equações $U=m_0C^3/E$, $U=m_0C^3/B$ e $U=m_0C^2/B$ de uma forma mais lógica, podemos imaginar, onde está realmente, o ponto onde o Universo começou a se formar, para ter uma noção mais clara ou mais precisa, que quando ainda não existíamos como espíritos, ou que o que temos hoje como Universo não tinha sido formado, é que a energia E desse sistema incipiente ou inexistente, era definitivamente muito baixa, ou tendia para o valor zero. Mas quando vemos que $E=m_0C^3/U$, esse mesmo efeito de uma baixa velocidade, deve ter existido antes desse momento zero. Porque com números virtuais podemos escrever que $<(E)>/E=<(0)>$ é que o valor da energia era realmente muito baixo, mas que não era realmente zero, mas que a energia tinha um valor menor que zero. Ou que o zero foi incluído dentro de um zero. Então, se você substituir o valor de E por $<(E)>$ ou o valor de $<(B)>$ em qualquer uma das equações acima, você verá que o valor de U é muito grande, ou quase infinito.

Mas essa foi a quantidade de energia, que se tornou suficiente para colocar um pequeno universo em movimento. Como só era necessária uma energia muito baixa, com o valor mais mínimo que se podia imaginar, mas mesmo sendo o mais mínimo, essa energia realmente surgiu quando o pequeno universo começou a se mover lentamente; o que fez com que os almatrinos começassem a se mover com uma velocidade alta equivalente a $C=E/B$, ou seja, com uma velocidade equivalente a 300 mil vezes a velocidade de rotação do espaço. E a periferia do espaço deve estar se movendo com uma velocidade de 70 metros por segundo. Portanto, tudo dentro do espaço está se movendo ou girando a uma velocidade muito rápida.

Mas no início, o pequeno espaço tornou-se pequeno demais para poder suportar aquela enorme energia eletrônica, que embora pequena de forma relativa, tornou-se suficiente para estourar aquela pequena bolha de energia, que formava o pequeno espaço. E dali surgiu aquela energia sob a forma de calor, que formava toda a massa eletrônica e a energia magnética do Universo. Porque, na verdade, a única coisa que sai desse movimento giratório do espaço é apenas energia.

E, dessas duas energias que surgem, a única energia que pode ser transformada em matéria é a energia eletrônica; e essa matéria eletrônica pode ser transformada novamente em energia eletrônica, mas será sempre em energia ou em massa eletrônica. E daí deduzimos que um sistema com muito pouca energia foi o que deu origem ao grande Universo. E da outra energia gerada, ou seja, da energia magnética, surgiram as urdires que conseguiram integrar os almatrinos, e formaram a energia dos espíritos.

Mas a outra pergunta seria: de onde vieram os primeiros almatrinos? Mas, afinal, um almatrino seria a partícula com a menor quantidade de energia que poderia existir. E a massa não era necessária, porque esta é apenas mais uma forma de energia. E com a máxima aproximação que nossa imaginação nos permite, para nos aproximarmos e chegarmos àquele ponto que era o espaço sem dimensões, é evidente, que o Universo conseguiu formar do nada. Porque quando o pequeno espaço começou a girar da esquerda para a direita, os almatrinos começaram a se mover para o contrário, ou seja, da direita para a esquerda, até atingir uma velocidade equivalente a 300 mil vezes mais rápida do que a velocidade com que o pequeno espaço começou a se mover. E por causa dessa alta velocidade de giro dos almatrinos, U, que é relativa à velocidade de giro do pequeno espaço, assim a massa foi formada a partir do movimento dos almatrinos. E a partir dessa alta velocidade de giro, formou-se uma grande energia, que para aquele pequeno espaço era muito intensa. E assim foi gerado calor naquele pequeno espaço, que foi o que fez explodir a pequena bolha de energia, que por sua vez gerou mais energia térmica, ou seja, de forma crescente e acelerada.

E então surgia outra forma de energia, que se formava como um plasma energético em forma de urdiduras, que conseguia integrar os almatrinos. E foi essa união que se tornou auto consciente. E assim a massa foi criada a partir da energia eletrônica, e isso impulsionou o dinamismo e o crescimento contínuo do Universo até então imenso. E essa força que foi projetada de forma expansiva não pode mais ser detida, porque continuará a se alimentar.

Logicamente, teremos que fazer um esforço no nosso intelecto, para podermos imaginar quão pequenas são estas dimensões. Mas pensemos que dentro de um único elétron podemos acomodar cerca de 100 mil neutrinos, e dentro de um neutrino podemos acomodar cerca de 10 mil almatrinos. Portanto, qualquer material físico pode ser perfurado por essas partículas almatrínicas, pois para elas, o elétron ou o núcleo do átomo de qualquer material, seriam lacunas muito grandes.

E quanto ao assunto que formou os corpos, dentro de uma célula podemos acomodar cerca de 100.000 vírus. Assim, dentro de uma microcélula, que está em uma mitocôndria, podemos acomodar cerca de 50 vírus. O corpo de um ser humano é composto por mais de 30 trilhões de células (30×10^{18}); assim, no corpo de um ser humano, podemos acomodar cerca de 3×10^{24} vírus. Ou pelo menos, podemos dizer que a quantidade de vírus dentro de uma mitocôndria foi suficiente para originar as outras organelas que formaram as células, como as próprias mitocôndrias, o núcleo, os ribossomos e o aparelho de Golgi. Em outras palavras, as células surgiram a partir das mutações dos vírus, pois além de os vírus, como as mitocôndrias, não precisam de oxigênio para sua reprodução.

E então, formaram-se as infinitas mutações dessas células que surgiram dos vírus; e assim, primeiro, a vegetação começou a se formar; e depois, sob a sombra da vegetação, a umidade foi preservada para que as células que emanavam dos vírus continuassem a sofrer mutações. E assim foram formados todos os seres vivos que poderiam existir na Terra, ou foi isso que deu origem à vida, porque células como os vírus são feitas por energia eletrônica. Assim, os vírus e as células são feitos pela mudança da energia, ou seja, podem sofrer mutações em um número infinito de diferentes formas de vida.

Diz-se que, quando uma pessoa morre de um vírus, seu corpo fica coberto de cimento, que é um processo inútil, ou melhor, um absurdo, porque os vírus são tão pequenos que seria impossível enterrar um vírus sob uma camada de cimento. Assim, os vírus continuarão a sofrer mutações dentro das células do cadáver do defunto, porque os vírus, como as mitocôndrias, só precisam de energia térmica para se reproduzir e, neste caso, o cadáver é realmente um grande reservatório de energia e material. Em outras palavras, é como um "caldo de cultura" no qual o vírus pode sofrer mutações e formar ou gestar novas classes de organismos vivos, pois esses organismos nascentes encontrarão ali alimento e energia suficiente para viverem e se reproduzirem.

E as ciências químicas, físicas e biológicas terão que desenvolver conceitos novos e adaptados, a fim de poderem se relacionar, com todos esses fenômenos envolvidos com a vida. Ou seja, aos vírus, às ações do pensamento e outros tipos de fenômenos sensoriais e tele-sensoriais. Mas que talvez essas interpretações possam ser facilitadas, por meio desse novo conceito dos almatrinos e dos urdires, das mutações dos vírus e depois das células. Ou seja, poder descrever essas partículas de transição da matéria não viva para a matéria viva, que é representada pelos vírus, e uma classe especial de energia, que foi a primeira a ser formada. E, portanto, que os almatrinos são as partículas elementares mais antigas que existem até aqui, e que continuarão a existir em todo o Universo, que está se tornando cada vez maior para nós.

Portanto, seria igualmente lógico pensar que já temos uma garantia clara de formação de novas galáxias; e que estes serão os novos espaços para podermos viver para sempre. Porque se em algum momento o Universo parasse de crescer, e mesmo que esse momento esteja muito distante, é claro que todo tipo de vida existente se extinguiria. Porque, assim como as células e os vírus, para viver, sempre precisaremos de energia.

Mas talvez, um dos objetivos que gostaríamos de cumprir com o que será escrito aqui, seja poder explicar, como é, ou qual é a origem desse tipo de força que nos energiza, ou como e de onde veio esse brio espiritual ou energético, e que nos inicia como corpos funcionais. Mas também, que somos conscientes como seres vivos e capazes de aprender a manobrar um corpo físico, que só nos serve como moradia, porque o que realmente existe é uma interação, mas não uma integração com a matéria eletrônica do corpo. Em outras palavras, não nascemos definitiva ou inseparavelmente fundidos com a matéria que formou o organismo vivo. E boa parte dessa energia calórica necessária para nos energizar como corpos, vem até nós do Sol, e essa energia eletrônica que vem do Sol, foi transformada em alimento. De tal maneira, que se todos os sóis fossem extintos, o espaço se tornaria muito frio e nada animado existiria no Universo.

Mas os erros ou sucessos que surgem dessa ancoragem do espírito com a matéria, ou seja, a forma como podemos danificar nossa morada de interação, relatamos neste ano de 2020 no livro "A Origem do Câncer", pois é aqui que mais nos referimos ao DNA. E com o afeto do DNA, as células também são perturbadas; pois é através do DNA que se produz a ancoragem entre a parte energética do espírito, e a matéria que forma o corpo. Especificamente, no momento em que os dois pares de cromossomos estão unidos. E esses erros que podemos provocar na matéria eletrônica do corpo, não são mais que o resultado certo ou errado da ação do pensamento. E definitivamente, isso se deve à maneira errada de nos alimentarmos. Pois só assim poderemos processar os alimentos que provêm da transformação da energia eletrônica que vem do Sol, ou seja, dos vegetais. E quando nos alimentamos com a carne de outro ser que também se alimenta com a energia que vem do Sol, isso pode nos levar a esses contratempos durante nosso processo progressivo de aprendizagem. E esses obstáculos desnecessários são o que chamamos de doenças.

Porque, sem dúvida, o que aqui se refere ao ser humano em termos da energia que somos como espíritos, será igualmente válido, para qualquer forma de vida existente na Terra, que pode ser qualquer animal, um inseto ou das algas mais simples, para uma planta complexa, uma árvore ou toda a vegetação que cobre a Terra.

Mas especificamente, ou referindo-se ao ser humano, em que momento essa energia espiritual foi integrada ao nosso conglomerado de células, aquele que nos torna seres funcionais e ativos, e é o que nos permite deleitar, ou regozijar-nos com a nossa existência? Desde que temos essa faculdade de aprender a manipular a energia eletrônica que foi transformada em matéria eletrônica.

Porque também gostaríamos de saber, se todo esse processo, foi o resultado de um ato de despertar energético puramente momentâneo, inerente, casual, perene ou ocasional; ou se, ao contrário, já existimos antes realmente como entidades ativas em estado energético ou espiritual, ou com uma existência anterior em algum lugar do Universo, antes de embarcar ou chegar à Terra, onde se torna necessário integrar-se a um corpo, a fim de preencher a necessidade de experimentar ou manobrar, essa forma de matéria ou energia condensada, em nosso infinito e contínuo caminho evolutivo e energético, que é o que realmente somos. Foi isso que me motivou a escrever o livro "O Micro Mundo " e "Vida ao Sol", porque eu realmente ou muitos de nós que viemos do Sol, e talvez, com o propósito de poder ajudar, para que a humanidade não destrua seu belo Planeta. Pois a humanidade elogia mais as coisas que não vê, ignorando a existência do seu Planeta, ou mesmo a presença do seu próprio Universo.

Mas talvez tudo isso seja um verdadeiro mistério, cuja análise tem sido ignorada pelos cientistas mais destacados, porque o mais propício a eles é estudar apenas o tangível. Ou os cientistas mais notórios só se preocupam em descobrir os fenômenos do mundo físico tridimensional. Mas muito poucos, se é que há, se dedicam a investigar de onde vem a substância energética que os energiza e muito menos se preocupam em saber de onde vem o pensamento, que é realmente o que nos permite expressar-nos como seres energéticos, usando um corpo, que por sua forma expressiva e de ação, dizemos, está vivo, mas, ao mesmo tempo, consciente de sua existência.

Também não podemos imaginar seres espirituais, como se tivessem vivido em etapas em diferentes dimensões, ou digamos, progressivamente da "Planície". Mas, como espíritos, somos seres reais, por isso nossa freqüência de vibração energética é alta, mas relativa. Porque ela só pode ser capturada, se estivermos em sintonia com essa mesma freqüência. E os únicos que estão mais próximos do que é um espírito são as crianças. Porque, como espíritos, podemos nos mover a velocidades muito altas, cuja velocidade o olho físico de um adulto não pode captar como movimento. E nossa forma moldada ou contornada é copiada pela energia do espírito de acordo com a forma do corpo que ele usa para se ancorar. Pelo menos a última que ele usou como molde.

Mas talvez um dos inconvenientes, ou o mais sucinto para análise, se apresente, pois a ciência sempre se baseará em provas experimentais. Mas, quanto a isso, teremos de estabelecer, aqui, que nossa energia espiritual é formada pelos almatrinos e que estes, de fato, não contêm massa ou carga eletrônica para querer medi-los, porque não haverá nada para intercept-los. De tal maneira, que não poderemos pesar ou calcular a massa ou a carga eletrônica dos espíritos.

Mas sob o conceito atual de física, esta é uma das variáveis que tem que fazer parte do tangível, para poder unir os conceitos por meio das complexas formulações matemáticas, ou, usando aqueles suportes que estes métodos auxiliares da ciência nos dão. De tal maneira, que o que aqui propomos se baseia mais em deduções lógicas, retiradas de nossas próprias experiências como observadores e das narrações do comportamento real dessa forma de energia magnética, a que chamamos espírito.

Mas podemos atribuir um valor a essa massa, que só tem um significado matemático, portanto será a menor que podemos imaginar através da qualidade do pensamento lógico, e é o que nos permite tornar o conceito de números virtuais igualmente. Porque $m_0/<(m_0)> = <(0)>$. Ou seja, a massa não era realmente zero, mas era muito pequena, porque estava contida dentro do valor de um zero. Mas este conceito é totalmente diferente do imaginário de Albert Einstein, pois Einstein não conseguiu resolver a equação $m = m_0/\sqrt{1 - U^2/C^2}$. Como Albert Einstein considerava que se U fosse maior que C, ele cometeria um erro matemático, já que o valor da raiz quadrada ($\sqrt{\ }$) seria negativo. Então Einstein para resolver esta dificuldade que é apenas matemática, considerou que nada poderia se mover mais rápido do que a luz. Porque, se assim fosse, para Albert Einstein a massa seria imaginária.

Mas então o próprio Einstein se contradiz, porque estabelece que a energia é sempre real, mas Einstein não imaginava a existência da energia magnética; pelo menos a que está formando os espíritos. Mas, se a matéria eletrônica surge da energia eletrônica, então a matéria eletrônica não pode ser imaginária, mas real.

Mas resolvemos essa incongruência matemática de Albert Einstein, usando o valor imaginário i, para poder extrair o valor negativo da raiz quadrada, quando $U>C$. E assim chegamos à equação $E=m_0C^3/U$. Porque o valor de U pode ser escrito como $<(U)>$ para que o valor de U/C na equação $\sqrt{1-U^2/C^2}$ não seja menor que 1, mas muito grande, então podemos subtrair na equação U^2/C^2 do valor 1. E assim chegamos à equação $E=m_0C^3/U$, que foi a equação que formou o Universo.

E vamos dizer com os números virtuais, que essa quantidade muito pequena de massa e energia, realmente tende a um valor menor que zero; mas que não é exatamente zero no ponto inicial, ou no ponto zero do pequeno universo. Porque definitivamente, que não poderia ser zero, porque supondo isso, faríamos desaparecer matematicamente o fenômeno físico, que não tem um sentido lógico.

Mas é preciso saber que o conceito de energia no ponto zero foi proposto por Albert Einstein e Otto Stern em 1913, e é a menor energia que um sistema físico quântico-mecânico pode possuir. E daí deduzimos que esta seria a energia suficiente do estado fundamental que deu origem ao Universo, a partir da energia do ponto zero, que também foi chamada de energia potencial no ponto zero. E Max Planck define melhor esse estado energético como quântico, para se referir à energia mínima que um sistema energético pode conter, e daí surge a idéia da Física Quântica.

Porque também temos que entender que qualquer sistema quântico-mecânico, para existir, mesmo na imaginação, deve realmente ter uma energia em seu ponto zero. Ou seja, que todo sistema físico tem que ter uma quantidade mínima de energia potencial associada a ele. Ou que, embora muito pequena, como já imaginamos, essa quantidade de energia inicial não poderia ser zero. E quanto à massa, sendo esta outra forma de energia, pode ser realmente zero, mas o que não vamos conseguir dizer é que a massa seria imaginária. Embora imaginário se refira a um termo matemático, o que faz confundir a forma e a existência física e real da massa como algo tangível.

E, quanto à energia na teoria quântica, essa energia no ponto zero é sinônimo de energia no vácuo ou energia escura. E é chamada de escura, porque sabemos que existe, mas não podemos vê-la. E é a quantidade de energia que está associada a um vazio energético de nada, ou que se forma no espaço vazio ou onde nada existe, mas foi isso que levou Paul Dirac a propor a existência da antimatéria. Porque Paul Dirac concluiu que o vazio não é realmente vazio, mas que o vazio está cheio de algo que não podemos ver.

2

O AUMENTO DA MASSA ELETRÔNICA

Essa energia de vácuo é tomada como base, para uma constante cosmológica, proposta por Albert Einstein. Mas também, que esse conceito de constante cósmica, surgiu quando Einstein pensou que o Universo era um sistema estático. "...Eu cometi um dos erros mais graves do mundo...", disse Einstein.

Porque era lógico entendê-lo dessa maneira. Mas, então, poderia ser mostrado que o Universo está em estado de constante crescimento, ou expansão, quando Edwin Hubble pôde mostrar, que todas as galáxias e objetos astronômicos distantes, estão se afastando da Terra, tomando a Terra como ponto de referência. E entre 1976 e 1978, o físico russo Andrei Dmitriyevich Linde demonstrou que a liberação dessa energia térmica durante a transição de uma fase cosmológica pode ser suficiente para aquecer o Universo por si só. E embora existam diferentes propostas e modelos para tentar imaginar um Universo estático de tamanho, mas ao mesmo tempo crescente, como "o pão de passas que aumenta de volume durante a cozedura", aqui assumimos apenas, que a bolha universal está se ampliando com um crescimento expansivo, que não é constante, mas acelerado.

Mas o problema que surge é que não nos será permitido assumir que existem partículas que se movem mais rápido que a luz, pois ainda não poderemos prová-lo. No entanto, a lógica nos permite dizer que essa alta velocidade é possível, mesmo fazendo extrapolações a partir de dados obtidos até aqui de forma experimental, com os chamados experimentos Buchererer-Neumann, como pode ser visto mais adiante na Figura 1.

De tal forma, que a análise que propomos, o faremos utilizando os experimentos e as leis da física, ou as idéias já enraizadas na mente analítica do ser humano. Porque, na realidade, a física clássica, tal como está, só nos levou por esse caminho estreito, ou por um caminho de cálculos matemáticos extremamente complexos, e não é exatamente a idéia que queremos expressar neste livro, quando o que realmente queremos é dar-lhe algum sentido, ou ser capazes de nos explicar esses fenômenos reais ou existentes. E as fórmulas que podem explicar os fenômenos mais complexos do Universo, podem ser reduzidas a expressões matemáticas muito simples, como poderia demonstrar Albert Einstein, que resolveu um enorme problema universal, por meio de uma equação muito simples; ou seja, $E=mC^2$.

Mas Albert Einstein disse certa vez, referindo-se a um dos maiores cientistas da física experimental: "...perdoa-me Newton, mas as coisas para corpos grandes não se realizam para partículas muito pequenas". Mas então um dos cientistas que mais usou os princípios da física quântica, Stephen Hawking, veio à tona e disse: "...perdoe-me Einstein, mas as deduções que você fez não são verdadeiras para as partículas elementares". E parece que mais tarde, quando dizemos com os almatrinos e as urdiduras: perdoa-me Einstein, mas os almatrinos são as menores partículas que existem; mas também, que os almatrinos são as partículas que podem se mover mais rápido que a luz. Mas que de uma maneira muito simples, isso também contradiz a teoria do Big Bang; portanto, perdoe-me Lemaître, porque o Universo não partiu de um ponto quente, ou que nesse ponto estava concentrada toda a matéria que existe no Universo. Ou me perdoe Darwin..., mas a vida do ser humano não surgiu por meio da seleção natural, mas pelas infinitas mutações que a matéria eletrônica pode suportar. E me perdoe Dra. Lynn Margulis..., mas a vida na Terra não poderia ter surgido, quando uma célula eucariótica engoliu uma célula procariótica, e essa célula eucariótica digeriu tudo na célula procariótica, exceto as mitocôndrias. Mas também, porque esta teoria endossimbiótica do Dr. Margulis, não consegue explicar de onde veio a mitocôndria, nem a célula eucariótica.

Assim, temos que assumir necessariamente que as mitocôndrias surgiram de um vírus, pois os vírus são a menor matéria eletrônica com capacidade de vida que existe, e como as mitocôndrias, os vírus não necessitam de oxigênio para se reproduzir. Portanto, os vírus já existiam, quando não havia oxigênio e não havia mitocôndrias.

Ou me perdoe Dr. Peter Higgs, mas o bóson número quântico zero não é a partícula de Deus, porque os números virtuais nos dizem, que na verdade houve um tempo antes do tempo zero. Mas foram esses desencontros de cientistas que nos motivaram a escrever o livro "O Erro dos Grandes Cientistas".

Porque talvez, entre as coisas que nos motivam a seguir esse caminho de deduções e raciocínios, esteja o fato de que, ao ler o que aqui está exposto, você vai perceber que estas podem ser suas próprias experiências. Assim como as experiências de um grande número de pessoas envolvidas com esse tipo de fenômeno, ou aquelas que, embora por simples curiosidade, estão interessadas em explicar todos esses mistérios que perturbam nossas mentes.

Assim, por exemplo, quando eu era criança, mas mesmo agora posso ver os espíritos desencarnados, que chamamos de fantasmas. O que me permite testemunhar que, uma vez desencarnado ou separado do corpo eletrônico, a parte correspondente à energia ou entidade espiritual continua a existir. Ou pode ser que tal forma etérea não possa ser detectada por um instrumento eletrônico, porque a freqüência ou velocidade de movimento de um espírito é maior do que a da luz.

Ou porque, infelizmente, essas experiências que nos acontecem, não foram algo que Albert Einstein ou Stephen Hawking teriam vivido de uma forma pessoal. No entanto, é evidente que, no caso dos fantasmas, a energia que se separou do corpo físico permaneceu intacta e inalterável, pelo que deduzimos, que uma força integradora tem de existir, a fim de manter juntos a energia magnética que forma os espíritos. Porque só assim, esse tipo de energia, ou melhor, de luz, pode ser visto pelo menos por algumas pessoas, através de seus "olhos energéticos", mas que, infelizmente, não foram os olhos físicos de Einstein, nem os de Stephen Hawking, para nomeá-los dois, como os cientistas mais influentes, que poderiam ter sido capazes de explicar, para a ciência moderna, esses fenômenos sensoriais.

De tal maneira, que para a ciência em geral, essa forma de energia magnética que forma os espíritos não existe; mas, sem dúvida, que representa, por sua vez, o pensamento que determina a ação dos espíritos, que é uma energia real, embora não consigamos capturá-la fisicamente, porque ainda não temos detectores feitos pela antimatéria. Mas, apesar de terem desencarnado, Albert Einstein e Stephen Hawking, eles continuam e continuarão a existir como energia, mas talvez com um brilho maior do que o de outros espíritos desencarnados, porque contribuíram com muitas idéias para a ciência, para que a humanidade pudesse mudar, ainda que um pouco, sua maneira de pensar, ou a perspectiva equivocada da maneira de agir contra seus irmãos energéticos.

Mas, como o próprio Albert Einstein deduziu, foi ele quem previu que, quando a matéria conseguisse viajar a grande velocidade, essa massa seria convertida em energia. Ou essa energia pode ser convertida em massa para manifestar sua existência. Mas, neste caso, Einstein não sabia que seu espírito era feito por energia magnética, e o que realmente muda é a energia eletrônica, mas não a energia magnética. E é por isso que se diz que a energia é equivalente à massa, mas isso se refere apenas à energia e à massa eletrônica, mas não à energia magnética do espírito.

Para que a energia eletrônica, embora mude para massa e a massa novamente para energia eletrônica, ambas as formas sejam sempre reais. E, mesmo que uma partícula energética consiga se mover mais rápido que a luz, essa alta velocidade, o que ela cria é uma quantidade maior de massa eletrônica; e foi assim que surgiu toda a massa eletrônica que existe no Universo. E a que vai existir, porque o movimento do Universo não pode ser impedido; porque é um movimento acelerado, pois a cada segundo decorrido uma nova quantidade de energia eletrônica vai aparecer, e aproximadamente, 4% dessa energia eletrônica, como foi dito, vai se tornar massa eletrônica.

Porque então, quando outros tipos de partículas forem formados, que por sua vez estão unidas por outras formas de energias bosônicas, como os glúons, essa energia eletrônica permanecerá confinada às diferentes formas de massa eletrônica, como no caso dos átomos e, em seguida, das moléculas que formam a matéria.

Mas só pelo fato de sermos visíveis como fantasmas, isto nos confirma de maneira evidente, que com a morte do corpo, esta energia é a única coisa que continuará a existir; independentemente do corpo, porque a existência da energia magnética não depende da massa eletrônica do corpo para a sua existência. Ou que, com a "morte" do corpo, não implica explicitamente que a energia magnética do espírito deva desaparecer. Porque na realidade a morte do corpo não existe, mas é outra das diferentes mudanças que podem acontecer com a massa eletrônica do corpo. Somente que o espírito se desconecta do corpo, quando não pode mais animar a matéria eletrônica do corpo, seja por causa da deterioração devida a uma doença, geralmente causada pelo próprio espírito, seja pelo desgaste ou pelo uso e envelhecimento da matéria eletrônica do corpo. E a força da integração energética ou bosônica que chamamos de urdires, é o que não permite que a energia do espírito se desintegre, ou se volatilize no momento da morte do corpo.

E essa forma de energia, por ser consciente de sua existência, pode, à vontade, diminuir sua velocidade e torná-la suficientemente baixa para poder se mostrar ou se tornar visível a outras energias que podem capturá-la, como mencionado, através dos olhos físicos das crianças. Mas talvez a maior suspeita seja a de que, para compreender esses fenômenos, a energia dos espíritos não pode ser capturada pelos olhos de todos os adultos.

Mas os espíritos podem ver, de modo que os olhos não são senão as janelas através das quais os espíritos podem observar o que se passa no seu mundo imediato. Mas isso também nos explica, porque os cegos podem sonhar com imagens e sons vívidos, ou seja, que os cegos podem ver todos os eventos reais sem seus olhos físicos. Ou porque os espíritos têm de estar vendo crianças para identificá-las como seus netos, ou para que elas possam falar com as crianças. Portanto, não é uma fantasia pensar que talvez um dia possamos projetar equipamentos eletrônicos que sintonizem apenas a corrente magnética dos espíritos, e esperamos que, dessa forma, nós adultos também possamos nos comunicar com nossos avós falecidos, usando um desses celulares magnéticos, projetados para os espíritos.

E essa capacidade de ver nada tem a ver com o grau de educação alcançado, que é apenas energia na forma de aprendizagem. Portanto, é uma desvantagem, porque nem sempre aqueles que conseguem ver esses fenômenos têm uma preparação científica necessária para poder dar uma explicação a todas essas incógnitas: como o conhecimento da química, da física e da cosmologia. Por exemplo, há pessoas que conseguem ver essa energia que envolve o corpo vivo ou a chamada aura, mas não têm uma formação científica como base necessária, para poder explicar esses fenômenos de forma mais técnica. E outros aparentemente os detectaram por meio do chamado efeito corona, talvez diferente dos conhecidos "Fogos de São Telme" e das figuras virtuais da "Fata Morgana", mas apenas os que não são cientistas relacionam essas aparições como simples fenômenos sobrenaturais.

De tal forma, que essa representação energética espiritual não é como a de uma auréola leve, ou forma vaga e abstrata que muda constantemente de forma, como se fosse uma nuvem de poeira cósmica, ou que se espalha sem nenhuma direção ou destino aparente. Pelo contrário, que o espírito, uma vez desencarnado, se apresenta como uma projeção espacial e energética muito bem definida, clara e consciente de sua imagem física de forma real, e perfeitamente delineada ou clara, com um contraste realmente baixo, ou com seus pontos de luz mais próximos ou fechados. Portanto, elas formam ou são mostradas como uma imagem viva, mas vista com uma clara alta resolução. E, embora não tenham mais a massa eletrônica, pelo menos a da forma física, suas outras duas qualidades permanecerão sempre juntas e inseparáveis, de modo que os espíritos possam desaparecer dentro das paredes. Mas, sem a ação do pensamento, o espírito não se poderia manifestar no mundo físico. E, embora possa libertar-se ou desprender-se da matéria, essa energia continuará a existir como réplica exata de seu último molde físico; ou, digamos, como "concha energética" copiada de sua última forma física original, mas que é, ao mesmo tempo, imortal.

Mas também, e desde muito jovem, pratico a auto-hipnose, com o propósito de dominar essa qualidade, que consideramos em "A Química do Pensamento", mas o estudo da auto-sugestão e da respiração dirigida pelos meus pensamentos, é o que me permite deixar o corpo, o que faço como um ato voluntário, mas não como um processo casual ou imaginário. Ou talvez atribuível a uma forma de sonho induzido; ou o que também é conhecido como desdobramento, porque se supõe que o ser dual de energia magnética e pensamento é aquele que consegue se separar do seu corpo eletrônico como matéria. Mas essa dualidade é real; além disso, ela é independente do corpo ao qual a energia espiritual está ancorada. Assim, quando a verdadeira energia magnética inteligente é liberada, podemos também nos elevar como uma pipa acima de nosso ambiente físico, para continuar nos guiando, observando e aprendendo, e de cima, para ver realmente como é o mundo em que estamos vivendo.

Mas talvez, uma das coisas que achamos mais intrigante, é que podemos estar em qualquer lugar apenas desejando-o; ou seja, sem a necessidade de fazer um passeio, ou planejar como um Ícaro, mas não exatamente como o da mitologia grega, porque para isso é preciso ter asas; ou porque as asas para um espírito não são necessárias, porque os espíritos são apenas energia sem nenhuma massa. E é isso que nos induz a pensar que, por não termos massa, talvez o que existe na realidade seja apenas a parte energética; portanto, podemos viajar bilhões de vezes mais rápido, se compararmos essa velocidade com a velocidade com que se movem os fótons, que compõem a luz visível para o olho humano.

E esse fato, de poder mover-se a uma velocidade maior que a da luz, é justamente o que contradiz as teorias da física quântica e elementar, pois além de passar por uma porta feita de ferro compacto, para sair da sala onde eu estava fazendo meus exercícios mentais, e dar uma olhada lá fora, tudo isso indica, que o espírito deve necessariamente ser formado por esse tipo muito sutil de energia magnética, mas que não tem forma de massa ou de carga eletrônica, pois essa seria a única maneira de explicar a si mesmo por que essa substância energética indetectável pode, sem qualquer problema, passar por materiais tão densos como o ferro; ou sem que qualquer força se oponha a ela, ou a energia atômica do material do qual a porta é feita. E que não conseguiremos explicar usando a física atual.

Portanto, o Universo é real, e a explicação de seu nascimento e existência também nos foi dada pelo próprio Universo. Portanto, não é supérfluo dizer que devemos estar sempre alegres ou felizes por saber que existimos, e que, por sua vez, fazemos parte deste grande Universo, e que afrontas e ódios, ou egoísmo e maldade para com outros seres vivos, para levá-los à morte física, a fim de consumi-los como alimento, não podem caber na grandeza mental de um ser humano consciente, e formado pela energia magnética e inteligente do seu espírito, e pela matéria eletrônica do seu corpo físico.

E os almatrinos que formam a energia magnética dos espíritos também não podem ser bósons, porque, se o fossem, fundir-se-iam no mesmo instante em que se formassem como energia magnética e, portanto, os espíritos não seriam tão numerosos, porque se teriam tornado uma única entidade energética; ou uma única superpartícula. É claro que, se os Espíritos tivessem sido bósons, o Universo, como o conhecemos, também não se teria formado, mas o Universo teria sido como uma imensa bolha energética, ou como uma enorme esfera de luz brilhante, isto é, sem as outras partículas, e cada uma com a sua respectiva contraparte. Em outras palavras, não haveria a antimatéria de Paul Dirac. Nem nós, nem as estrelas com seus planetas.

O que existe, porém, são guerras e diatribes políticas pelo domínio de uma classe sobre outra, o que se deve ao fato de os espíritos serem fúmias, ou seja, terem a forma oposta de spin +½ ou -½. E, por isso, é que os Espíritos devem ser necessariamente fúmions, pois só assim se pode explicar por que se formaram tantas partículas e formas de energia, com seus diferentes modos de pensar caracterizados. E as diferentes mutações dos vírus não teriam sido capazes de formar as infinitas formas de vida que existem. Digamos que onde quer que você olhe, você pode ver um ser minúsculo que se move, ou voa, de modo que no ecossistema da Terra está repleto de diferentes e inúmeros seres vivos. Mas é graças a essas características fermiônicas que podemos dizer que existimos.

E massa, é uma definição usada, para se ter uma idéia da quantidade de matéria que um corpo contém. É diferente do peso do corpo. Porque quando a energia é retida ou aprisionada por forças coesas, essa energia será convertida naquela outra forma de energia que chamamos massa, mas que não é necessariamente o peso do corpo. Porque sobre o peso de um corpo sólido, a única força que atua é a aceleração da gravidade, mas essa força de atração de um corpo sobre o outro, não influencia a massa desse corpo, quando ele é atraído ou repelido pelo outro. Daí uma certa confusão, pois, na física clássica, a massa é uma constante própria do corpo. Já para a física relativista, a massa real, é função do movimento de uma partícula em relação a um observador. Foi por esta razão, ou o que Albert Einstein significou para Isaac Newton, quando disse: "...perdoa-me Newton". Porque para Newton, a massa m, é a constante que determina a conexão entre a força aplicada com o movimento que se imprime naquele corpo, para que o corpo se mova cada vez mais rápido; ou seja, para que o corpo acelere, ou que a velocidade do corpo aumente a cada segundo que passa.

Já para a teoria da relatividade, a massa m está relacionada à idéia de definir a massa verdadeira como o valor da força entre a aceleração experimentada por um corpo quando este está em movimento. Como este quociente depende do quadrado da velocidade da luz; $m=E/C^2$, isto foi demonstrado experimentalmente. Mas isto foi definitivamente esclarecido graças às ousadas idéias relativistas de Albert Einstein, que previa que a energia seria convertida em massa e a massa por sua vez seria convertida em energia, no momento em que tal massa, vem a se mover em altas velocidades e vice-versa. Mas Einstein não estava se referindo ao peso dos corpos, mas à quantidade de massa que uma partícula ganha quando adquire movimento.

E a força da gravidade pode atuar sobre a massa formando os pesos, porque se não houver gravidade certamente não haverá peso, mas a falta de gravidade não pode fazer variar a massa dos corpos. E a força da gravidade é produzida em grandes corpos que têm massa, porque estes estão girando sobre si mesmos a grande velocidade; e esse movimento de rotação é o que gera as forças de influência, porque na realidade os grandes corpos são formados por partículas. De tal maneira que há muitas cargas que estão em movimento. E esse movimento das cargas elétricas das partículas é o que cria um campo eletrônico E, e um campo magnético B.

Mas, em geral, qualquer corpo sólido é realmente formado por partículas condensadas em uma massa eletrônica. E quando se aplica uma força a uma partícula para removê-la de sua inércia, ou para colocá-la em movimento, essa partícula criará uma massa adicional, em relação à sua massa inercial.

Mas mesmo que o mundo tridimensional pareça estar parado, na realidade tudo dentro do Universo está em movimento. Só não nos damos conta, porque estamos montando num corpo que está em movimento. Mas com este movimento do Universo algumas partículas estão se movendo em alta velocidade; portanto, nestas partículas aparecerá uma nova quantidade de massa m, que será relativa ou adicional à massa inercial ou de repouso m_0.

Assim, massa eletrônica verdadeira ou real só pode aparecer quando a partícula experimenta um movimento, e então a energia eletrônica pode ser transformada em outras formas de energia eletrônica, ou em outras formas de massa eletrônica, quando a velocidade da partícula muda para valores relativos maiores ou menores. E é assim que se mantém um dinamismo incrível, que força uma atividade energética e um movimento perene do Universo, pois a periferia do Universo também está em movimento. E para que o Universo exista, tudo que existe deve estar necessariamente em movimento, para gerar a energia que, por sua vez, gera o movimento, portanto o movimento do Universo é acelerado.

E nada mais pode estar ainda no Universo, porque o Universo se alimenta energeticamente através do movimento. Isto também não deve nos preocupar como seres humanos, pois esta grande atividade energética já dura há mais de 13.800 milhões de anos e nada a detém. E este tempo, significa um instante de $1,45 \times 10^{-5}$ anos, ou 7,6 minutos, se compararmos com o tempo que um ser humano poderia ter vivido na Terra durante 80 anos. Então ainda temos muito a fazer, porque novas galáxias vão aparecer, e com elas, os novos sóis com seus grandes planetas.

Mas uma das missões mais imediatas é mudar a consciência dos seres humanos, para que eles sejam dignos de viver nesses novos espaços que serão criados em nosso universo. De tal maneira, que nossa tarefa básica ou primordial seria conseguir viver com boas regras morais em meio a esse grande caos, pois é isso, na realidade, que configura a essência espiritual do ser humano, ou seja: o Universo, a matéria e a energia eletrônica, além da energia magnética em forma de espírito. Mas o bom comportamento do ser humano é necessário, para evitar o caos na própria raça humana. De tal maneira, que como espíritos habitáveis, contemplativos e eternos teremos sempre como garantia, os novos espaços que serão criados, e nos quais poderemos ser, diante de nossa grande e maravilhosa expectativa, capazes de ver e sentir, como é o crescimento acelerado do nosso grande Universo, mas apegados às boas normas morais, que serão as que determinarão nosso bom comportamento.

E para podermos viajar por esse novo e imenso espaço criado, a única maneira de alcançá-lo, é viajar a uma velocidade equivalente ao quadrado da velocidade da luz. Se for o caso, continuaremos tomando como referência esse valor da velocidade da luz, pois não saberemos se outra forma aparecerá para referenciar nossos conceitos, independentemente do modelo ou das teorias relativistas da física atual.

E começaremos a contar a partir daí o fenômeno do tempo, que só é útil, para termos uma idéia do antes e do agora. E seria melhor visualizá-lo como um momento eterno, porque o que já aconteceu, não voltará a acontecer da mesma maneira. Mas os acontecimentos continuarão a aparecer diante de nós constantemente, ou desde o momento em que o pequeno universo era apenas uma bolha muito pequena.

E, segundo essas velocidades infinitas ou inimagináveis, ou pelo menos equivalentes ao C^2, o espaço que está sendo criado é cada vez maior; porque é a única maneira de manter o equilíbrio térmico, dada a enorme quantidade de energia eletrônica que está sendo gerada. Assim será cada vez maior, e a única maneira de coletar parte dessa energia eletrônica, é que essa energia eletrônica esteja condensando, ou se consolidando na forma de matéria eletrônica.

Assim, quando a partícula é parada, seria mais apropriado aplicar o conceito de energia, à quantidade de energia que a partícula contém em si, que é conhecida como a energia potencial da partícula. E pode-se realmente dizer que existem dois tipos de massas associadas a uma mesma partícula: a massa m, que representa a massa quando a partícula está em movimento, e a massa restante ou m₀, que é a massa da partícula quando esta ainda está. Então a massa m, que na verdade é a massa relativa de m₀, mas m só aparece quando a partícula está em movimento. E a massa m permanecerá como m₀ ou massa de repouso, quando as forças integradoras descritas acima atuam sobre a massa m da partícula para ligá-la.

De tal forma, que os corpos visíveis realmente contenham a massa m que permaneceu condensada, ou o que equivale a dizer, que m foi formado a partir de m₀. E m₀ foi a massa do início. Mas embora muito pequena, essa massa em repouso m₀, foi na verdade a massa que emergiu, com o grande movimento de algumas partículas que também eram pequenas, mas que ainda são as menores que existem. E essas partículas são as que tivemos que definir como almatrinos, pois não há nada menor do que essas partículas.

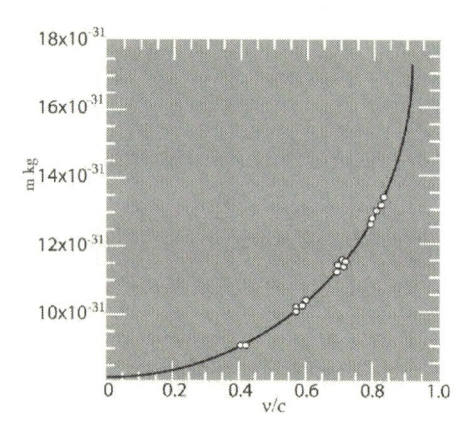

Figura 1
O gráfico mostra o crescimento em massa de um elétron à medida que a velocidade desse elétron aumenta.

E assim, a equação de Albert Einstein, que na verdade pode ser escrita como $E=(m-m_0)C^2 = \Delta mC^2$ onde m é a massa que a partícula adquire, somente quando esse movimento se torna muito próximo de uma constante, que teremos que chamar, velocidade da luz C; e m_0, é a massa da partícula quando essa partícula está imóvel ou sem movimento. Mas talvez o aspecto mais significativo desta dedução, que surgiu da mente de Albert Einstein, seja que esta equação poderia ser testada experimentalmente, como mostra a figura 1, para aquelas partículas cujas dimensões estão em uma escala subatômica.

E o que fizemos foi estender o raciocínio de Albert Einstein às menores partículas existentes, para que possamos imaginar como surgiu a massa m da massa restante m_0. Ou seja, do nada, quando na realidade o Universo ainda não existia, e daí o movimento do pequeno universo, foi que toda a massa que agora podemos ver surgiu, inclusive o nosso corpo, porque o que não foi condensado será impossível de se ver, pelo menos com os olhos físicos ou a partir dessa perspectiva tridimensional de um corpo.

E como mostra a Figura 1, Buchererer e Neumann conseguiram provar experimentalmente, em 1914, como a massa de um elétron aumenta à medida que sua velocidade em relação a um observador aumenta. Mas este, sem dúvida, foi um evento que revolucionou a física para aquele momento e até agora, porque com este experimento foi possível provar que a massa surge do movimento da mesma partícula, e este fato, é o que a teoria relativista de Albert Einstein definitivamente comprovou. A linha é um gráfico de m em função do U/C e $m = m_0/\sqrt{1-U^2/C^2}$. (O símbolo $\sqrt{}$ representa a raiz quadrada).

Mas se olharmos a Figura 1, talvez o que Einstein não tenha conseguido ver, é que a curva progressiva tende ao valor infinito, quando a velocidade U da partícula tende à velocidade

C, ou seja, quando U/C tende ao valor 1 (U^2/C^2) como pode ser visto na Figura 1.

E isto é uma realidade, mas infelizmente para Einstein, podemos ver que este valor não só é maior que a luz, mas tende para um valor infinito. Isto é significativo, pois quando a velocidade da partícula for maior, a massa adquirida também será maior, ou seja, $UE/C^3 = m_0$. E como C^3 é uma constante, significa que a massa m surgiu do nada, ou apenas pelo movimento, por meio de uma relação da velocidade da partícula U com sua quantidade de energia E, mas então a massa m permaneceria ligada como m_0.

E, de uma maneira geral, tem sido possível verificar que para todos os tipos de energia, ao contrário da energia potencial ou de repouso, essas energias aparecem apenas pela ação de algum movimento. Por exemplo, o trabalho W, é uma energia, cujo resultado é obtido ao aplicar uma força f sobre um corpo para poder movê-lo de um ponto 'a' para um ponto 'b', (b-a=d) ou seja, que o trabalho ou a energia necessária para movimentar o corpo será W=f*d. Portanto, a energia na forma de trabalho W, só aparecerá quando a força f estiver sendo aplicada ao corpo. Ou talvez outros exemplos sejam úteis: por exemplo, quando comprimimos uma mola e lhe damos uma energia elástica potencial U, então a massa da mola aumentará de m_0 para $m_0 + U/C^2$, ou quando adicionamos uma quantidade de calor Q a qualquer objeto ou sistema, a massa aumentará em uma quantidade Δm; sendo $\Delta m = Q/C^2$.

E assim chegamos ao princípio da equivalência entre massa e energia, que diz: que para cada unidade de energia E de qualquer tipo fornecida a um objeto material, a massa do objeto aumentará em uma quantidade dada por $\Delta m = E/C^2$. E esta é a famosa equação de Albert Einstein, ou seja, a equação E=ΔmC² que revolucionou e esclareceu em grande parte, boa parte dos grandes enigmas do Universo. Mas continuamos com esse processo de esclarecimento desses mistérios, para saber agora, como foi que eles foram realmente formados, ou de onde, ou como foi que surgiu a energia que anima os corpos; ou seja, a energia dos espíritos.

3

DESENVOLVIMENTO DA PERSONALIDADE

Consciência é a qualidade que tem uma continuidade após a existência física. E essa energia, que na realidade é a energia criativa do pensamento, é, por sua vez, a energia que está associada à energia que forma o corpo etéreo dos espíritos. Mas, uma vez no mundo físico, é o conhecimento, ou o estado de conhecimento, conhecer ou ser capaz de identificar, por exemplo, as cores e as formas dos objetos; as diferentes ferramentas e seu uso, e todas essas circunstâncias, associadas à capacidade e ao modo de viver que cada um dos espíritos tem como percepção de uma forma individual. É isso que determina a falta de jeito e teimosia, mas também a habilidade e capacidade de compreensão e a habilidade de cada um. Ou seja, que todas as noções e experiências adquiridas, são algo próprio, inato ou exclusivo de cada um de nós.

E todo esse acúmulo de idéias e experiências em cada um de nós individualmente, é o que é conhecido como quale. E este quale representa todas aquelas qualidades que não podem ser transferidas para nenhuma outra pessoa, a partir das experiências adquiridas, porque são nossas, únicas e individuais. Desde que as alcançamos de acordo com nossa própria perspectiva sobre cada assunto, e de acordo com as coisas materiais que aprendemos a manipular; ou seja, a partir de nossas próprias habilidades.

É o caso de sermos capazes de perceber como são as dimensões, ou o tamanho das coisas, ou a perspectiva do espaço; ou seja, da forma de vida que cada um de nós tem de realizar como seres vivos. Ou pode ser a capacidade de evitar ou adquirir algum tipo de doença, ou de desfrutar cada um à sua maneira, um acontecimento de alegria; de uma alegria, de um sucesso ou de um fracasso. E quanto ao sofrimento de alguma doença, saber ou sentir quando há dor; já que a dor só se experimenta através do corpo eletrônico, porque na forma espiritual não há dor. De tal forma que somente quando estamos formando parte de um corpo, podemos perceber e distinguir entre vários tipos de dor; e como é a intensidade da dor, ou a capacidade de perceber quão verdadeiramente dolorosa é a dor.

Ou identificar as formas das letras para escrever ou escrever; ou seja, ter a capacidade de associar ou dar forma a uma idéia por meio de um texto; porque na realidade, que as letras e os números, são imagens que têm formas diferentes; e para poder escrever uma palavra, temos que ordenar de forma sequencial, as imagens dessas letras.

Ou sentir como é quando há fome, porque se os sensores falham, não conseguiremos mais captar essa sensação, porque não sentiremos ardor no estômago, que é o que nos induz a sair em busca de alimento para saciar nossa fome.

Mas muitas pessoas confundem luz com som, enquanto há outras que não conseguem ver as coisas em movimento. Ou reconhecer todas as cores. Mas foi o físico e químico inglês John Dalton, que mais estudou a percepção da cor, e daí deriva a palavra color blindness, que se aplica mais àqueles que percebem a cor vermelha como verde, quando na verdade ela é vermelha. Mas para voltar ao caso, isto também é de uma forma relativa, pois não sabemos se a cor vermelha é realmente verde. Mas vamos resolver isso, não mais de maneira relativa, mas de maneira absoluta, quando pudermos ver essas cores com nossos olhos como espíritos, porque no estado espiritual não há pessoas daltônicas, porque as cores serão realmente vistas como são.

Mas também não será relativo, mas absoluto, a partir do momento em que formos capazes de resolver o vazio explicativo, de tudo aquilo que não podemos perceber fora da existência de nossas qualidades. Ou porque estão sujeitas à individualidade, que é única à nossa percepção, porque são as próprias propriedades; e por isso são as qualidades que subjazem à memória quântica de cada espírito individualmente, e que a exteriorizam quando cada um faz parte de um corpo eletrônico.

De tal forma, essa qualidade, pode ser definida como a subjetividade; de como é, por exemplo, cada ponto de vista que temos das coisas de forma individual; é a capacidade de sentir a compaixão pelos outros seres, ou a empatia para com os outros; que evidentemente, é uma qualidade própria de cada um, porque podemos adorar, por exemplo, os gatos, ou sentir um grande sentimento quando um deles morre, enquanto outros odeiam os gatos, ou mesmo envenená-los para que não existam. Ou a presença de uma pessoa nos causa desarmonia, enquanto para os outros, essa mesma pessoa é harmoniosa. Mas há aqueles que pertencem ao sub-humano, porque realmente, que neles não se conseguiu o despertar do sentimento de consciência, em relação aos seus irmãos energéticos, que são realmente os animais.

Também a qualidade, é o que representa ser capaz de superar qualquer obstáculo, ou essa capacidade de insistir e experimentar. Ou como se sente ao fazer algo ou ser alguém; ou seja, é como olhar para fora de uma das janelas da existência; ou o que cada pessoa acredita e quer fazer individualmente em sua mente. Saber cantar, por exemplo, é algo que lhe pertence, assim como a musa dizer ou compor uma canção ou um poema. Ser orador também é algo natural, ou a forma de informar sobre a solução de um determinado problema. Ou é o que dá sentido aos símbolos em simbolismo; ou acreditar numa figura sólida que representa um santo, um talismã ou um amuleto; e dar um poder a essas figuras, que na realidade, é um poder que reside apenas em nós.

E digo isto porque sei de pessoas persistentes que são guiadas pela lógica, enquanto outras, em vez de enfrentar suas dificuldades, colapsam moralmente ou fogem para não ter que enfrentar o problema. Dizem eles: Eu prefiro estar morto! Ou medo do palco também é uma qualidade presente em alguns, mas esse viés pode ser superado, usando imagens vívidas; por exemplo, com a realidade virtual, ou através do sistema de experiência do psiquiatra chileno Claudio Benjamín

Naranjo Cohen, que foi um reconhecido especialista em psicologia transpessoal. E, segundo Claudio Naranjo, isso: "...podemos ajudar a melhorar o mundo, quando conseguimos mudar a maneira de pensar das pessoas".

Mas também pode representar a furtividade, ou a qualidade daquelas pessoas que acreditam poder se esconder de si mesmas, ou que vivem atrás da janela da sua existência, esperando a ajuda dos outros. E o que, é que pode ser vivenciado sem a necessidade de ser notado em cada espírito. Ou o viés cognitivo de querer ser o que não podíamos ser. E é cada uma dessas qualidades que cada espírito tem que aprender a dominar, a fim de acumular suas novas experiências, ou com o propósito de fortalecer e consolidar ou superar definitivamente, de acordo com a capacidade própria que oferece a cada um, a energia do pensamento que está associada à sua energia espiritual.

Quanto à natureza da consciência humana, o matemático e mais próximo colaborador de Stephen Hawking, o honorável Professor Roger Penrose, foi da opinião de que essa qualidade é única e diferente para cada um, e que não pode ser apenas de natureza matemática, para a qual a teoria quântica quer nos levar. E que em tudo isso de qualidades, devemos tentar incluir aqueles elementos que não podem ser medidos, ou que só podem ser receptivos através da análise, onde o critério também deve ser incluído através do pensamento filosófico.

Mas seria totalmente impossível tentar trazer toda essa enormidade de qualidade para uma função matemática. E, portanto, torna-se necessário recorrer sempre ao campo filosófico, com o objetivo de se incentivar; ou seja, chegar ao processo analítico da imaginação mental ou do pensamento, a fim de obter as respostas mais coerentes, em relação àquilo que a ciência muitas vezes não será capaz de demonstrar por meio de um experimento ou de uma equação matemática. Mas Stephen Hawking concluiu que, com a prova experimental, a filosofia do meramente filosófico havia chegado ao fim, pois os filósofos já haviam ficado sem argumentos.

Assim, a ciência do real passará a fazer parte da lógica; e só o conhecimento científico fará parte da nova maneira de viver, que evidentemente fará desaparecer aquelas igrejas que só se alimentam de uma idéia filosófica. Ou então, as igrejas terão de se adaptar à nova ciência, que inevitavelmente surgirá como o Universo, ou seja, de forma acelerada.

Mas, apesar da dificuldade de defini-la corretamente e de estudá-la, ou seja, das características da qualidade, alguns filósofos consideram que tal qualidade realmente existe quando usamos a intuição. Ou se suspeita que uma qualidade existe de forma generalizada, o que é evidente que a experimentamos, mas muitas vezes não conseguimos explicar com palavras apenas, o que ela é. Assim como podemos emitir sons expressivos que não podemos descrever, usando apenas letras. Por exemplo, o som que pode ser emitido com a boca fechada: ...hmm, ahmm, oh, etc., pode expressar muitas coisas que não podem ser simplesmente escritas. Ou a forma de um olhar, ou com um simples gesto. Diz-se então, que a comunicação é uma qualidade mais gestual do que falada, pois muitas vezes não encontramos palavras para descrever o que queremos dizer, o que só é entendido quando fazemos um gesto. E parece que Paul Dirac era um silencioso; e quando seu interlocutor não entendia do que estava falando, Paul Dirac se levantou e deixou sozinho aqueles que não o entendiam.

Mas também, a percepção de qualidade pode ser educada e desenvolvida desde a infância, a fim de poder compartilhar os sentimentos de forma mais eficaz. E para atingir esse domínio do aprendizado, com o propósito de dominar a qualidade, é preciso aprender a dominar a mente; apelar para certos recursos e realidades; como saber a diferença entre dormir acordado e entre o estado de sono e de vigília.

Conheci uma pessoa que me disse que podia estar em dois lugares ao mesmo tempo; isto é, com uma parte de sua energia ele podia perceber a realidade em um lugar, e com a outra ele estava vendo as areias do Saara. Ou porque quando dormimos (estando fisiologicamente adormecidos) somos abandonados, e delegamos a algo ou alguém a nossa realidade; o que aparentemente, escapa ao nosso controle. E só nos preparamos para garantir que pelo menos o lugar onde dormimos esteja a salvo de qualquer perigo. E assim fazem os animais que muitas vezes chamamos de irracionais, quando, por exemplo, uma ave, apesar da irracionalidade que se pensa, constrói seu ninho sobre um galho inacessível aos predadores. Ou que um peixe pode maximizar suas defesas de fuga para poder dormir tranquilamente. Ou que alguns membros de uma manada de orangotangos, vigiem, enquanto outros comem ou dormem. E se por acaso o sentinela adormecer, ele receberá seu merecido castigo. Em outras palavras, a qualia também é uma qualidade necessária nos animais.

Ou, digamos, que quando a consciência desaparece, é como se toda a realidade possível se espalhasse do ponto de vista do sujeito. E por fazer parte da vida dos espíritos, essa consciência espiritual não deve ser confundida com a consciência da vida física, onde o raciocínio ou a memória analítica, apesar dos conflitos que as quiralidades fermiônicas podem trazer, são características que jazem no cérebro, e que são estimuladas pela forma do pensamento.

Assim, no momento do nascimento no mundo físico, o choro iminente também anuncia que haverá uma nova qualidade a cultivar, reforçar ou corrigir; novas tarefas a realizar; novas emoções a perceber; novos desafios, ou uma nova missão e responsabilidade; porque estes podem já ter sido cuidadosamente planejados pela mente energética do espírito, ou muito antes de decidir nascer no mundo físico, porque o espírito não improvisa suas ações. E com conhecimento, não teremos mais tempo para nos entregarmos ao tédio.

Entretanto, ou enquanto isso, parece que até agora a Terra, que se encontra em algum lugar do terceiro vórtice da Via Láctea, entre os braços de Sagitário e Perseu, está apenas nesse pequeno ponto, onde essas condições são dadas para nascer, recriar-nos, procriar e depois desencarnar como seres humanos novamente em direção à forma espiritual; e cuja última imagem a ser traçada, será a forma física que temos para esse momento final de nossa breve visita aqui.

Nesse caso, seria uma boa idéia tentar viver com saúde até aqui, para não termos de arrastar o elenco representativo de uma figura doente, mal-humorada, amarga ou sem sabor. Pelo contrário, sentir orgulho, alegria e mais entusiasmo, ou triunfante quando levantamos os braços no cume do grande pico, para que de lá possamos voltar com entusiasmo ao lugar de onde um dia partimos como espíritos. E com isso, a consciência para a Terra, para poder voltar e sentir-se plenamente feliz e satisfeito, pelo fato de ter consumado este novo acúmulo de experiências energéticas neste submundo. Ou que vemos muito de perto, como são realmente seres sub-humanos ou irracionais, entre os quais encontraremos alguns políticos, que só pensam em guerras para satisfazer seu próprio ego. E porque, na verdade, o destino de 7,5 bilhões de seres humanos, é decidido em um conclave apenas por dez ou vinte pessoas.

Porque deve ser muito triste, para contribuir ou se emprestar, para que uma vaca, por exemplo, assuma seu estado angustiado que tinha no matadouro; ou a forma horripilante de seu assassino, que faca na mão mata um ser inocente para vender a carne. E parece que tal assassino não poderá viver em paz por muito tempo. Ou o homem rico que mostra suas presas escondidas atrás de um sorriso de satisfação, porque toda a vida que teve que encarnar, ele "desfrutou" protegida pelo dinheiro inútil que ganhou ao vender a carne do corpo de outros irmãos enérgicos.

Mas como espíritos feitos pela energia magnética, continuaremos eternos; e seremos testemunhas desses acontecimentos magnânimos que acontecem no Universo. E buscaremos nosso novo lar perto de um novo Sol, que se formará entre as novas galáxias. E talvez, que o até então maravilhoso Sol, se torne um novo Planeta com seu caldeirão de novas formas de vida criadas por vírus, que também teremos que amar e acarinhar, porque assim como entre nós, seus aglomerados de energia serão sempre formados por suas formas espirituais.

Porque talvez durante nossa estada na Terra, ou com a experiência alcançada, pelo menos aprendemos, ou nos preparamos para merecer viver em paz com outros seres, e entre nós.

Portanto, que também não devemos sentir medo, por exemplo, da velhice ou da morte, mas sim acarinhar com grande alegria ou satisfação, ao reconhecer as conquistas evolutivas que alcançamos, em cada ocasião que nos é apresentada, no ir e vir da forma eterna ou energia magnética para a vida física ou eletrônica. Pois verdadeiramente o tempo jamais nos alcançaria, para que pudéssemos dominar toda a infinita capacidade criadora que temos como seres espirituais. Porque, além disso, cada um de uma forma muito própria ou particular, tem que ir lançando suas próprias obras, ou estará construindo seu próprio caminho evolutivo.

Mas o que não faria muito sentido seria provocar um retrocesso, ou seja, uma involução, ou caminhar ao contrário do que já foi alcançado, pois seria impossível um ser evoluído sentir a necessidade de reencarnar e tornar-se, por exemplo, um ser indigno, ou cheio daquelas qualidades impróprias ou antagônicas com relação às suas últimas realizações. Não faria qualquer sentido, e seria como voltar voluntariamente para recomeçar, e isso não seria compreendido por nenhum ser inteligente.

Mas talvez seja um pouco difícil entender que, como espíritos, temos essa responsabilidade de cuidar e controlar nossas emoções para conduzir um corpo feito por energia eletrônica. Mas também, ter consciência da delineação evolutiva que traçamos e propomos. E o que realmente somos hoje como energia, essas ações devem ser desenhadas de acordo com nossa única vontade.

Por exemplo, quando permanecemos embutidos em um corpo, devemos ser conseqüentes, para podermos decidir o que e quanto comemos, e isso dependerá do nosso caráter ou do uso correto do nosso pensamento, previamente decidido ou programado; ou seja, de termos despertado a consciência para outros seres que também têm o mesmo direito de existir. Ou que todo esse aprendizado é usado para orientar ou orientar outros, que se sentem confusos nesse mar de formas de pensamento e idéias, que só são projetadas na mente.

Acredito que é antes o medo de morrer que criou uma super população, e o processo de embalsamar os cadáveres, por medo de serem comidos por vermes, também tem contribuído para isso. E desta forma, que não devolvamos à Terra a matéria orgânica que ela nos deu para sermos como corpos de uma forma temporária. E o que fazemos é destruir a vestimenta vegetal, com a qual o globo terrestre havia sido vestido.

Mas outras qualidades que têm influência no caráter são determinadas por certas substâncias químicas na forma de hormônios. E entre essas substâncias que agem aparentemente sem a nossa vontade, mas cujas funções dependem de alterações químicas. Ou que por culpa nossa, ou aquelas alterações causadas durante a estadia na barriga de nossa mãe, entre as quais podemos encontrar, por exemplo, andrógenos. São os hormônios sexuais masculinos, cujo grupo consiste principalmente de testosterona e androsterona. Ambos são produzidos nos testículos, mas, ao mesmo tempo, estes andrógenos são os precursores da androstenediona, que é secretada nos ovários. De tal forma, que esses andrógenos são determinantes para os traços futuros das características sexuais. Como durante o desenvolvimento dos mamíferos, a princípio nas gônadas incipientes, estes podem se transformar ou se desenvolver, seja na forma de ovários ou na forma de testículos, dependendo das condições do ambiente químico circundante que envolve estas tênues glândulas.

Daí a delicadeza da matéria, pois o processo dependerá das condições químicas do corpo que terão que ser tratadas posteriormente. Ou digamos, que aquelas ações que de forma involuntária vão fazer parte do processo de viver pelo espírito que encarna, tiveram de ser separadas da nossa responsabilidade, para que outros processos que não dependem do pensamento possam continuar. Ou seja, que alguns desses passos necessários para a execução correta da vida, tornaram-se dependentes da química da nossa mãe; ou do nosso pai, no momento de emprestar os dois para nos procriar.

Por exemplo, devido a essa mesma forma errada de alimentação de nossa mãe, ela vai produzir um excesso de andrógenos durante o tempo de gestação, já que todo esse processo, obviamente, depende do grau de acidez corporal ou do pH do sangue, durante o tempo em que a gestação durar. E se houver uma variação para uma acidez maior, isso pode formar mais testosterona. E, em menor grau, androsterona, mas não androstenediona. Mas esse excesso de testosterona e ao mesmo tempo a deficiência de androstenediona, pode levar à virilização de uma menina ao nascer. E continuará a se desenvolver com essas características, onde a menina apresentará traços físicos associados ao comportamento masculino. Embora isso não afete o macho, pois esse excesso de andrógenos pode torná-lo mais viril.

Mas ainda pode colocar os desejos do menino fora de controle. Por exemplo, pode levá-lo a cometer atos de pedofilia, ou seja, aqueles indivíduos que se sentem atraídos física e sexualmente por menores. O oposto também será verdadeiro se uma menina for formada, e o processo leva aos traços de um menino. Mas, no final, será a mudança no grau de acidez do fluido corporal da mãe que determinará, neste caso, a inclinação para um determinado comportamento ou caráter sexual. E todos esses processos dependem obviamente do tipo de alimento ingerido pela mãe e pelo pai que é oferecido para a procriação.

Mas é de se pensar que se a química do corpo procedesse de maneira normal ou consonante com os pais, isto é, se fosse configurada em duas seções tanto a parte que inclui o esperma quanto a parte que inclui o óvulo, isso representaria, é claro, uma característica de ser uma réplica saudável ou não perturbada. Ou seja, para que as crianças nasçam uma vez menino e outras vezes menina, para que o processo de procriação não seja alterado durante o período reprodutivo, e que elas tenham que ocorrer naturalmente.

Ou podem ocorrer erros, se conscientemente ou inconscientemente conseguirmos alterar essa química, o que de fato vai afetar definitivamente as condições para a chegada do novo ser espiritual. Mas tais erros no traçado ou origem do caráter pessoal podem afetar ou perturbar o progresso espiritual durante a permanência corpórea.

E parece que toda a culpa pode ser atribuída exclusivamente à mãe durante a gestação, mas acontece que os espermatozóides dos testículos ficam imobilizados em um líquido seminal alcalino, o que lhe confere uma viscosidade maior. E se o sangue do homem for ácido, é claro que a viscosidade desse manto alcalino se perde, e os espermatozóides são liberados. E, sendo mais móveis, isso estressaria os espermatozóides antes que cheguem ao óvulo. E assim, é que um ser engendrado pode emergir com alguma deficiência de natureza física ou mental.

Assim, se a condição de acidez for alterada ou alterada tanto no homem quanto na mulher durante o desempenho normal da vida, naturalmente no momento da procriação, todo o processo de desenvolvimento para a nova vida que surge, ou seja, para que o corpo se dirija ao espírito, será afetado da mesma forma. E essa simples ou incrível alteração do grau de acidez, depende do tipo de alimento ingerido, que por sua vez, determina que a função eletrônica de apenas um próton com um elétron seja alterada, que se unem por forças energéticas formando a matéria eletrônica. E no livro "A Origem do Câncer", mostramos que a principal causa que leva à alta acidez do sangue, é o consumo das células e proteínas de outro animal.

De tal forma, que realmente vivemos como energia, dentro de um mundo de eventos, que podem ser percebidos num momento que também é real, ou ao mesmo tempo, em qualquer ponto do Universo. E os bósons chamados urdires são como dizer os "tecelões", para conotar a partir das urdiduras, a energia cósmica que se tece; unindo como num manto de pano às diferentes formas de espíritos, que emergimos como esses fios de luz brilhante; das tênues chamas, que surgiram no início desse grande evento cósmico, e onde estão incluídos todos os seres vivos que habitam a Terra, e claro, onde os polêmicos seres humanos são considerados igualmente, mas que essa razão energética, de forma magnética, não pode lhes dizer respeito única ou exclusivamente, como os únicos seres que têm direito a existir.

De tal forma, que o ser humano deve ser o mais responsável por ter esse caráter ou privilégio de consciência, mas não a consciência, para que definitivamente se comporte como verdadeiros pastores, ou que se preocupem e guiem os outros, a fim de deter a destruição da vida neste planeta, e do próprio planeta. Ou para que não aconteça o mesmo nos futuros espaços cósmicos.

E certamente vivemos antes em outros sistemas com outro Sol e outros planetas, mas estes desapareceram quando a força energética que os mantinha ativos cessou neles. E a espécie humana já existia desde que a vida na Terra começou a se manifestar a partir de vírus, que se tornaram células. Mas a verdade é que, em apenas 200 mil anos de vida, já estamos à beira de destruí-la como numa metástase, ainda que o tempo de vida que a Terra deixou possa ser de 3 bilhões de anos, se levarmos em conta que o Sol ainda tem cerca de 5 bilhões de anos para se extinguir; e ele se tornará um belo novo planeta sólido, e a vegetação crescerá à medida que as ervas ancorarem suas raízes nos zeólitos do planeta Sol; e nós olharemos com alegria para as copas das florestas solares, para o canto colorido e hipnotizante dos pássaros; ou para um texugo inquieto farejando ao redor, ou à procura de um não sei o que aqui e ali. Mas é claro que a Terra levou todo esse tempo, porque agora cada DNA carrega um código único; que é o que permite que as diferentes linhagens se diferenciem, ou não se confundam misturando-se umas com as outras. Assim, por exemplo, teremos um gato e um cachorro, mas não um cachorro-gato.

Mas se levarmos em conta o tempo que o ser humano tem que ter desenvolvido sua capacidade destrutiva, ou habitar a Terra com essa forma nefasta em relação à idade do Universo, nesse tempo relativo, em apenas 7,6 minutos o ser humano conseguiu destruir a vida que levou milhões de anos para formar a Terra. De tal maneira, que só nos restam 2 minutos para salvar a Terra dessa destruição; pois, se continuarmos como estamos, até 2050, não haverá mais nada na Terra, pois os bárbaros terão arrasado tudo, através de suas mesquinharias e guerras absurdas.

E só o conhecimento trará o dia em que o ser humano poderá compreender que não é um ser exclusivo, porque é ele quem tem a responsabilidade de ser o guia dos outros seres vivos. E podendo viajar com uma velocidade equivalente ao quadrado da velocidade da luz, os espíritos formam seres que são realmente onipresentes e oniscientes; ou que podem ser conscientes, mas ao mesmo tempo, em qualquer ponto deste Universo. Como meu amigo das areias do Saara. Ou como já dissemos, podemos ir e voltar a Rigel em apenas cerca de 1 dia. Mas essa é uma distância que um raio de luz viajando a 300.000 quilômetros por segundo levaria para cobrir um tempo de 865 anos-luz.

Mas esperemos que o planeta não seja destruído pelos expensalistas, ou antes que outras mentes humanas consigam dar esse salto, para que os almatrinos possam ser detectados. E parece que o tempo não será suficiente para isso, pois outras mentes retardadas, ou subumanas, vivem agarradas à ambição de querer destruir e dominar as outras no planeta, (direitos contra os canhotos) e fazer buracos na Terra para destruí-la e extrair seu próprio corpo, argumentando que são recursos que lhes pertencem; como se a Terra pertencesse a apenas um grupo deles, por decisão de um capricho divino.

E talvez tenha sido o cientista americano Linus Carl Pauling, um dos maiores químicos e pacifistas conhecidos; porque foi Linus Pauling quem mais se opôs à criação das bombas atômicas. Porque ele sentia, ou estava ciente, do grande dano que esses sistemas destrutivos causariam à vida na Terra. Mas sua mente avançada lhe deu a razão, quando hoje é o que vemos com preocupação, de que o planeta está cheio desses dispositivos bélicos, e apontando contra quem ou não sabemos contra quem.

Nesse sentido, que viver num mundo tão físico, na verdade, seria apenas um ato absurdo. E quando cada um e cada uma, individualmente, tomar consciência de sua origem como espírito criado pela energia magnética indestrutível; e com uma nova forma de pensar correto, só assim alcançada, a humanidade ou a nova humanidade que dela emana poderá mudar, ou retomar o caminho para uma nova forma de convivência com todos os seres.

E aqueles ou aqueles que por algum costume, ou por seu poder econômico, insistirem em dobrar os outros sem motivo algum, mas com a clara intenção do econômico, terão de ser levados a esses planetas primitivos ou menos evoluídos, para que daí, aniquilando-se uns aos outros, como fazem a matéria e a antimatéria, possa surgir deles uma energia magnética transfigurada e consciente, que possa ser mais útil, ou que não persista em continuar a prejudicar a convivência harmônica neste grande Universo.

E nós, humanos, somos aqueles indivíduos que podem expressar nossas emoções com maior ênfase ou força, e somos os que mais se preocupam com os eventos que virão, em comparação com os outros seres que habitam a Terra, que só vivem em seu momento eterno, pois para eles não há relógios ou calendários. Portanto, os seres humanos devem ser os primeiros, ou aqueles que marcham em frente nessa longa peregrinação energética e, conseqüentemente, os seres humanos devem ser os indivíduos que guiam os outros seres vivos. Portanto, devem ser também os que têm maior responsabilidade, ou os que sentem mais compaixão pelos outros seres vivos, ou os que se voltam para ajudar o ser caído, ou encorajar aqueles que os seguem nesta alegre procissão cósmica rumo à evolução, e cada um com sua própria qualidade energética.

E seria como uma grande esperança, saber que com esse conhecimento transmitido através desses livros, podemos conseguir sensibilizar ou despertar a consciência; para que os seres humanos do futuro estejam mais conscientes de seus propósitos de vida, e que pelo fato de serem os indivíduos mais responsáveis; ou por terem essa noção de sua tríade como espíritos feita pela energia magnética, possam em algum momento se voltar, olhar para outros seres, que só podem ter diferenças quanto à sua configuração física, mas não quanto à sua origem energética, é a mesma, se a compararmos com a origem do espírito de qualquer ser humano.

SOBRE O AUTOR

Formado pela Faculdade de Química da Faculdade de Ciências da Universidade Central da Venezuela, com graduação em Tecnologia Química. Pós-graduada em Ciência e Tecnologia de Alimentos. Trabalho especial sobre a química de produtos naturais e a química de doenças. Designer de processos químicos. Livros: "A Química do Câncer". "A Química do Diabetes". "O Infarto". "O Alzheimer". "A Química da Artrite". "A Química do Pensamento". "A Química do Espírito". "Como o Universo foi formado." "Os Expensalistas". "Por que não se deve comer carne". "O Mundo Micro". "Será que Deus realmente existe?". "Objeções à Relatividade de Albert Einstein". "Adivinhando o Futuro". "A Vida no Sol". "O Universo antes do Tempo Zero". "A partícula que criou o universo". "A Origem do Câncer". "A Origem da Vida".

A ENERGIA DO ESPÍRITO

CARLOS PARTIDAS

Made in the USA
Columbia, SC
17 October 2023